THAÍS ROQUE

O Colecionador de Silêncios

Ilustrado por **Eric Farpa**

Ciranda na Escola

Dados Internacionais de Catalogação na Publicação (CIP) de acordo com ISBD

R786c	Roque, Thaís
	   O colecionador de silêncios / Thaís Roque ; ilustrado por Eric Farpa. - Jandira, SP : Ciranda na Escola, 2025.
	  32 p. : il.; 24,00cm x 24,00cm.
	
	  ISBN: 978-65-5384-469-8
	
	   1. Literatura infantil. 2. Sentimentos. 3. Emoções. 4. Comportamento. 5. Silêncio. 6. Medo. I. Farpa, Eric. II. Título.

2024-2338	CDD 028.5 CDU 82-93

Elaborada por Lucio Feitosa - CRB-8/8803
Índice para catálogo sistemático:
1. Literatura infantil 028.5
2. Literatura infantil 82-93

Ciranda na Escola é um selo do Grupo Ciranda Cultural.

© 2025 Ciranda Cultural Editora e Distribuidora Ltda.

Texto: © Thaís Roque

Ilustrações: © Eric Farpa

Consultoria literária: Anderson Novello

Editora: Elisângela da Silva

Assistente editorial: Fabiana Oliveira

Revisão: Fernanda R Braga Simon e Angela das Neves

Projeto gráfico e diagramação: Ana Dobón

Produção: Ciranda Cultural

1ª Edição em abril de 2025
www.cirandacultural.com.br

Todos os direitos reservados. Nenhuma parte desta publicação pode ser reproduzida, arquivada em sistema de busca ou transmitida por qualquer meio, seja ele eletrônico, fotocópia, gravação ou outros, sem prévia autorização do detentor dos direitos, e não pode circular encadernada ou encapada de maneira distinta daquela em que foi publicada, ou sem que as mesmas condições sejam impostas aos compradores subsequentes.

Aos que ousam escutar o silêncio
e encontrar as histórias que ele guarda.

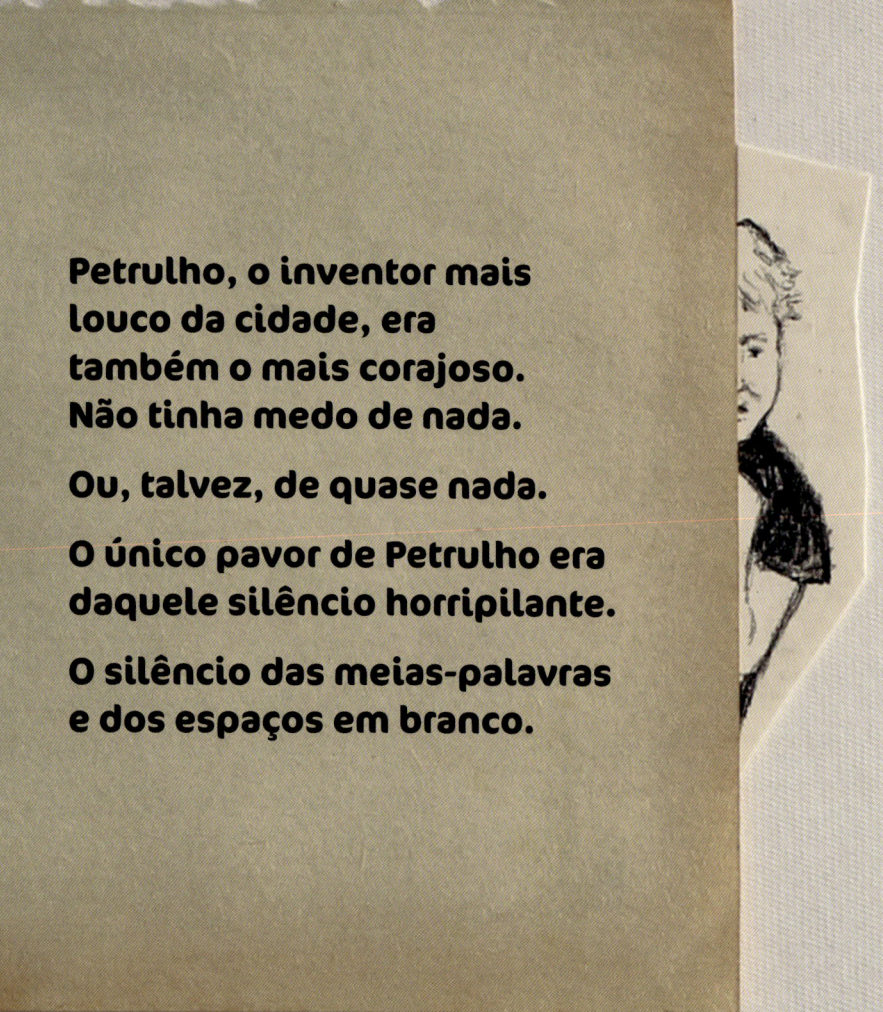

Petrulho, o inventor mais louco da cidade, era também o mais corajoso. Não tinha medo de nada.

Ou, talvez, de quase nada.

O único pavor de Petrulho era daquele silêncio horripilante.

O silêncio das meias-palavras e dos espaços em branco.

Petrulho tinha medo do vazio.

COMO COLOCAR O SILÊNCIO NA GARRAFA?

O SILÊNCIO FICA AQUI E NÃO SAI

Esquema de funcionamento do motor-foguete: explosão e impulsão.

VAI SOLTAR BARULHO

BLA BLA BLA BLA BLA BLA BLA BLA BLA BLA BLA BLA BLA BLA BLA BLA

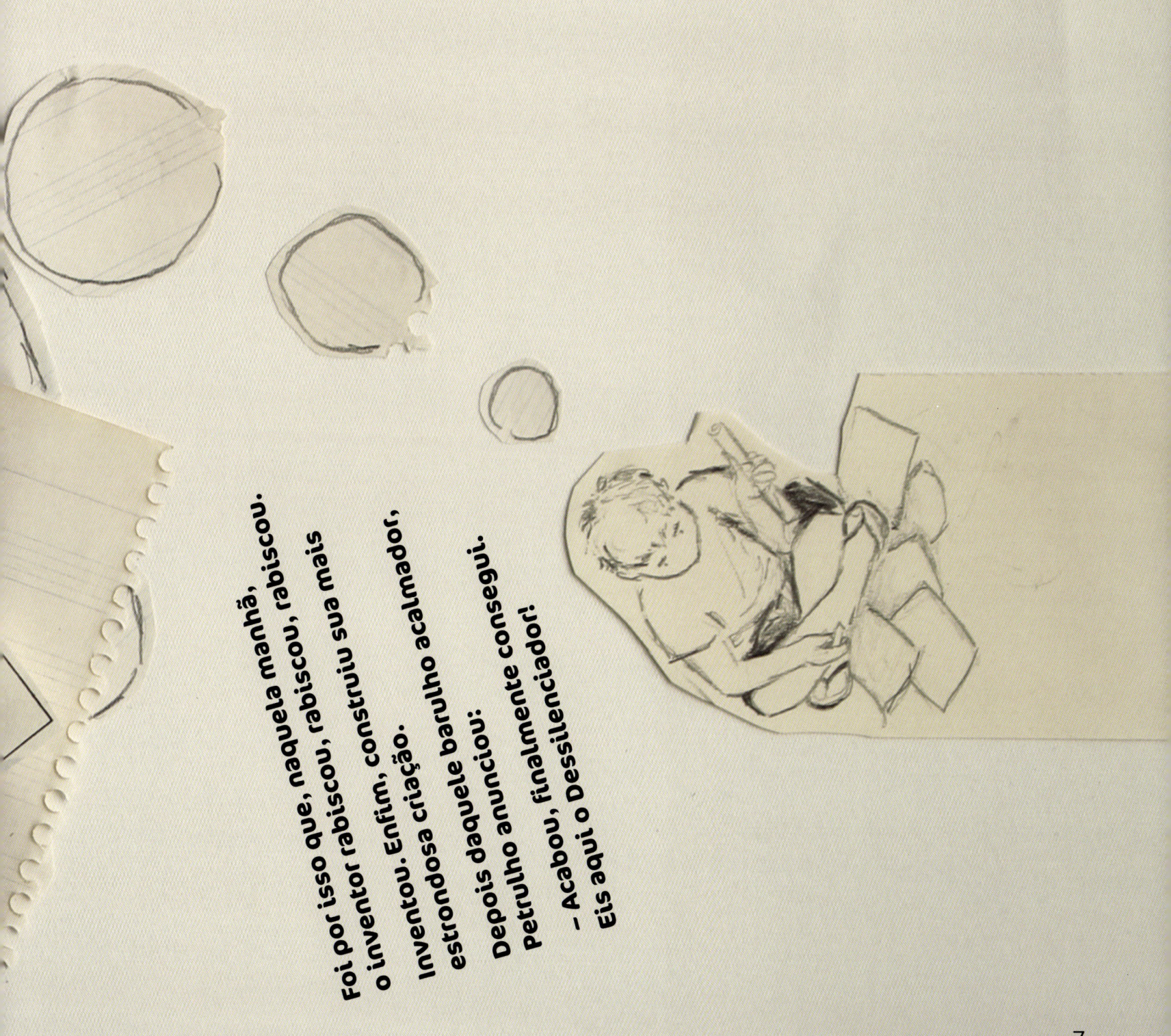

Foi por isso que, naquela manhã, o inventor rabiscou, rabiscou, rabiscou. Enfim, construiu sua mais inventosa criação. Inventou, estrondosa barulho acalmador, Depois daquele anunciou:
– Acabou, finalmente consegui. Petrulho, Eis aqui o Dessilenciador!

Sem esperar o barulho dos ponteiros do relógio, um só segundo, uma só batida, Petrulho correu para os jornais.

Foi um vapt-vupt, um vupt-vapt, um escarcéu para espalhar a notícia.

O Dessilenciador de Petrulho era muito eficiente.

Por onde passava, caçava os silêncios e deixava palavras, palavrinhas e palavrões.

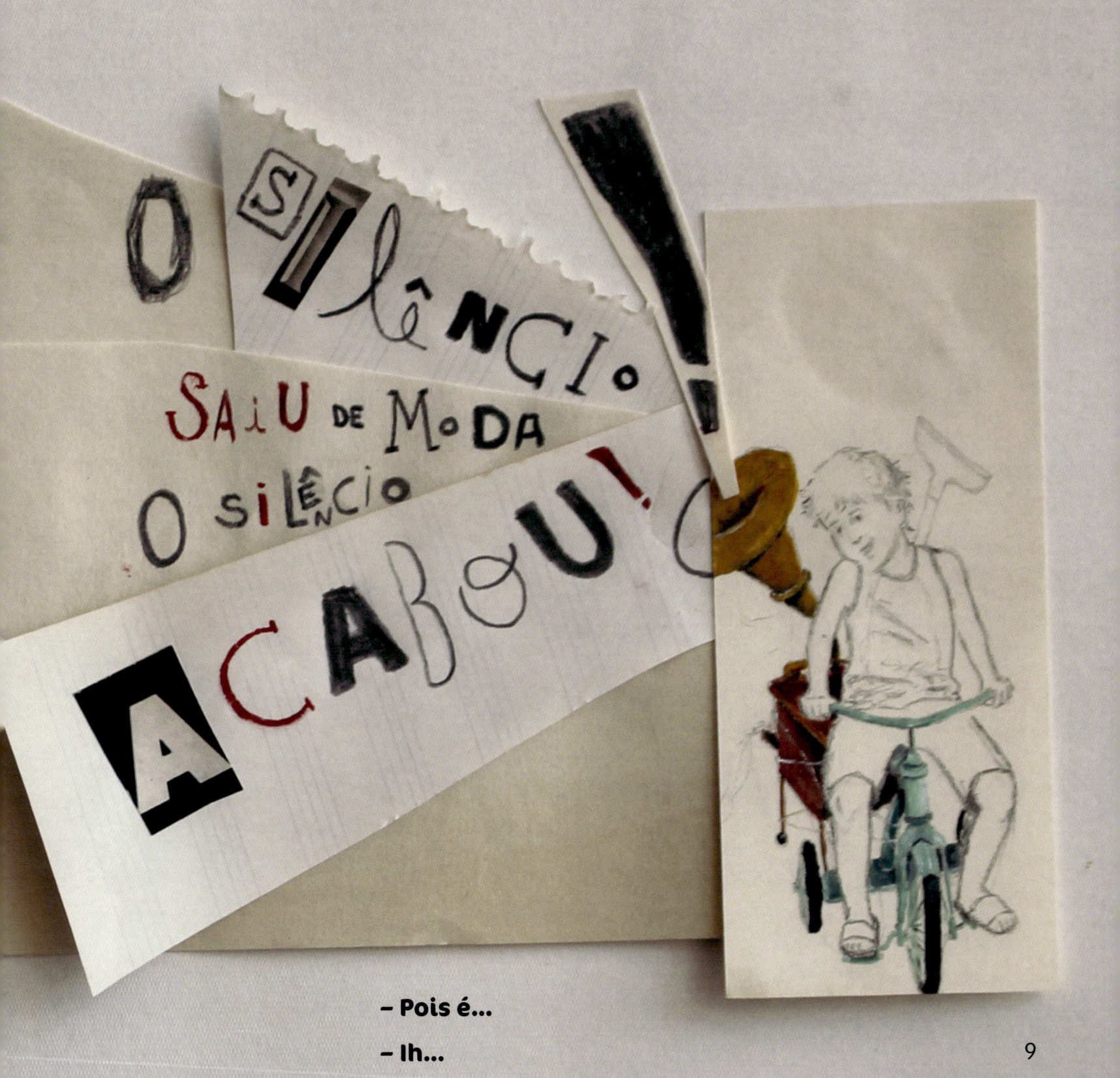

O silêncio saiu de moda

O silêncio acabou!

– Pois é...

– Ih...

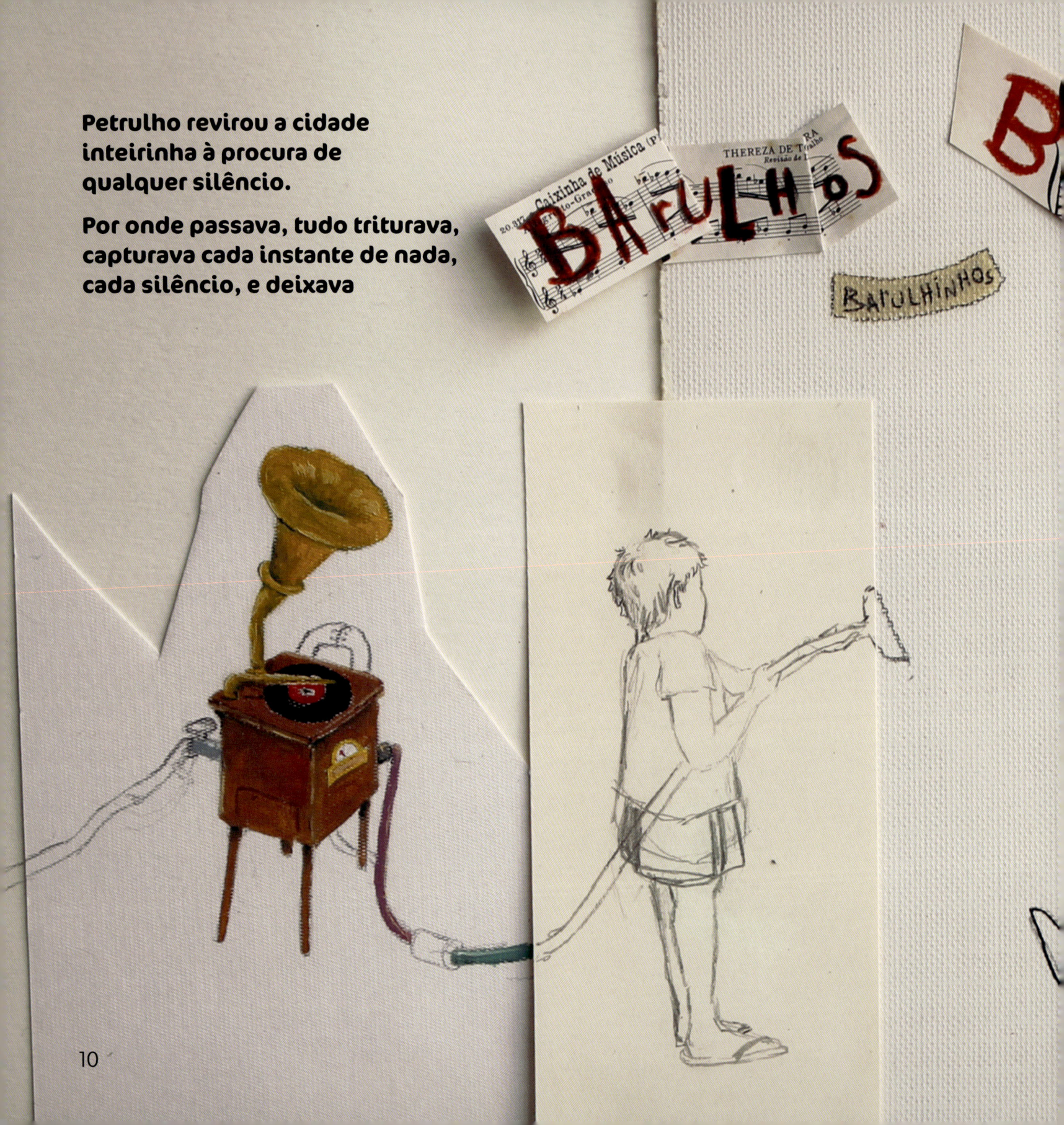

Petrulho revirou a cidade inteirinha à procura de qualquer silêncio.

Por onde passava, tudo triturava, capturava cada instante de nada, cada silêncio, e deixava

BARULHOS

BARULHINHOS

arulhões

BRAVO!!!

Nos teatros, acabaram-se as pausas dramáticas.

JÁ ACABOU? NÃO, É SÓ O COMEÇO.

Encontrei um bicho
onda tem tubi
fica
ficalor
farofa mãe
mar tô com sede
pega aquela concha
tá o nível
fica no raso onde

Na praia, as ondas do mar viraram batucada.

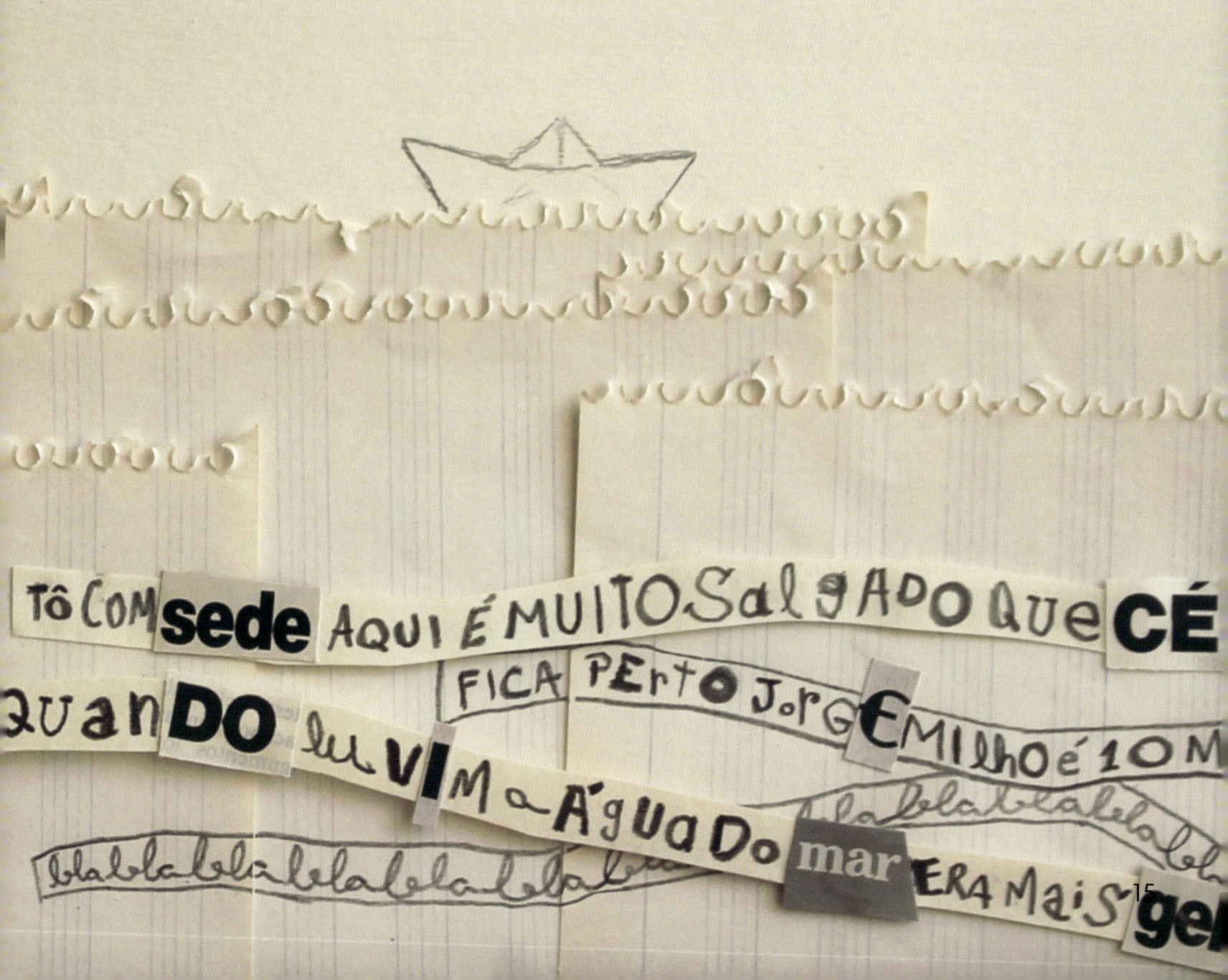

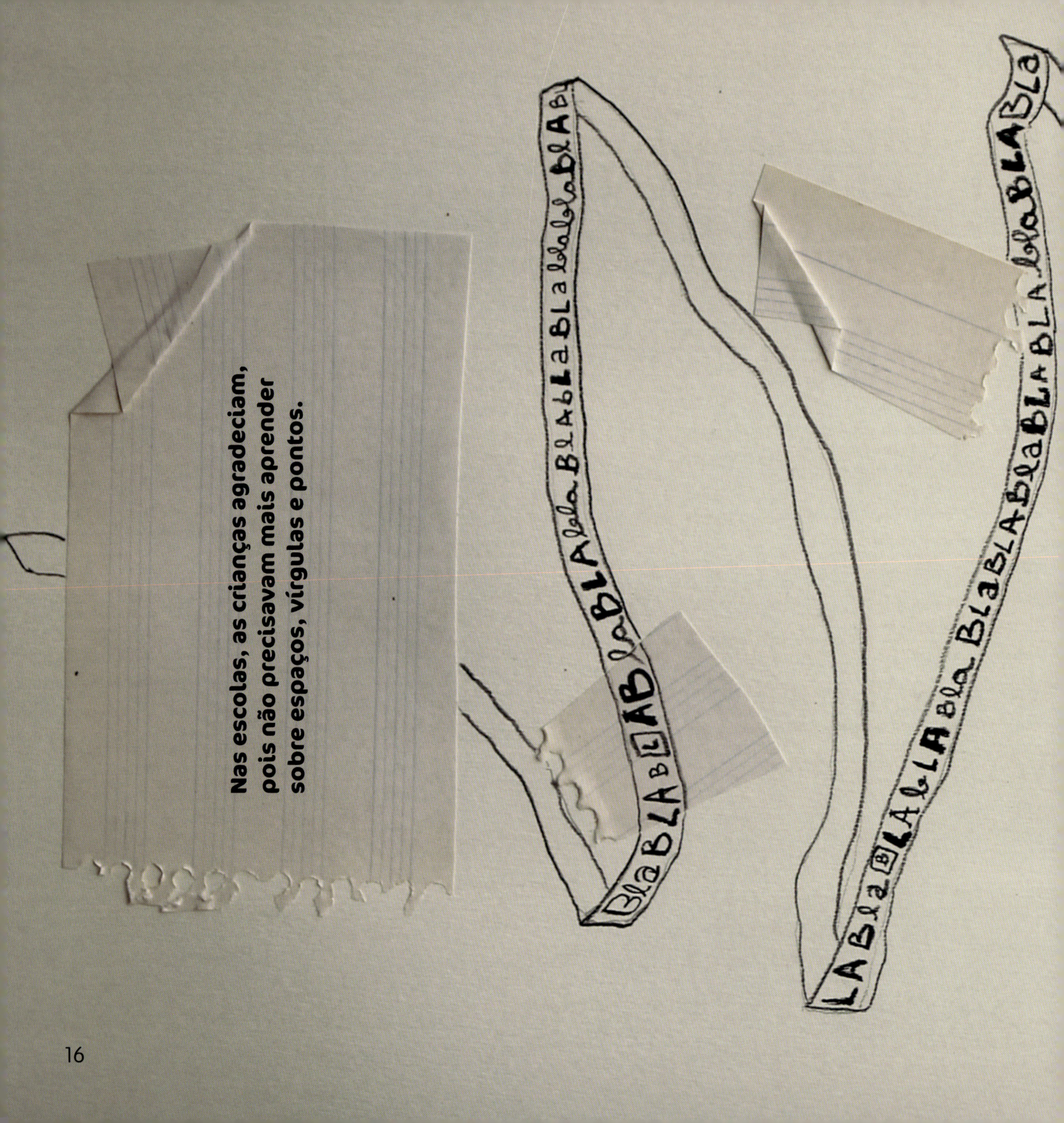

Nas escolas, as crianças agradeciam, pois não precisavam mais aprender sobre espaços, vírgulas e pontos.

17

Nos parques, as flores não seguiam mais o vento.

Agora só curtiam o tum-tum-tum das corridas alvoroçadas.

19

MaNTEC iNSTaNT!

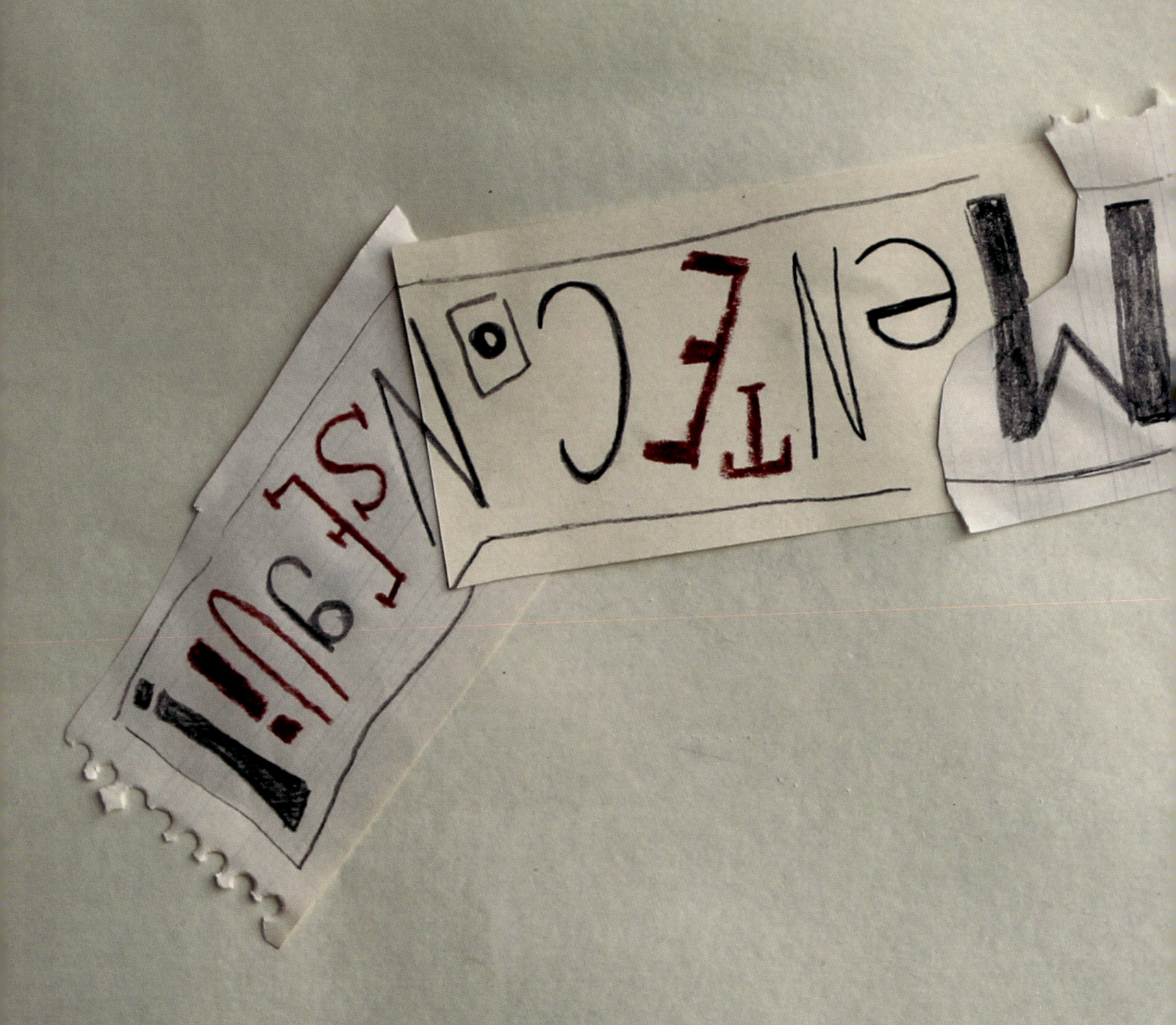

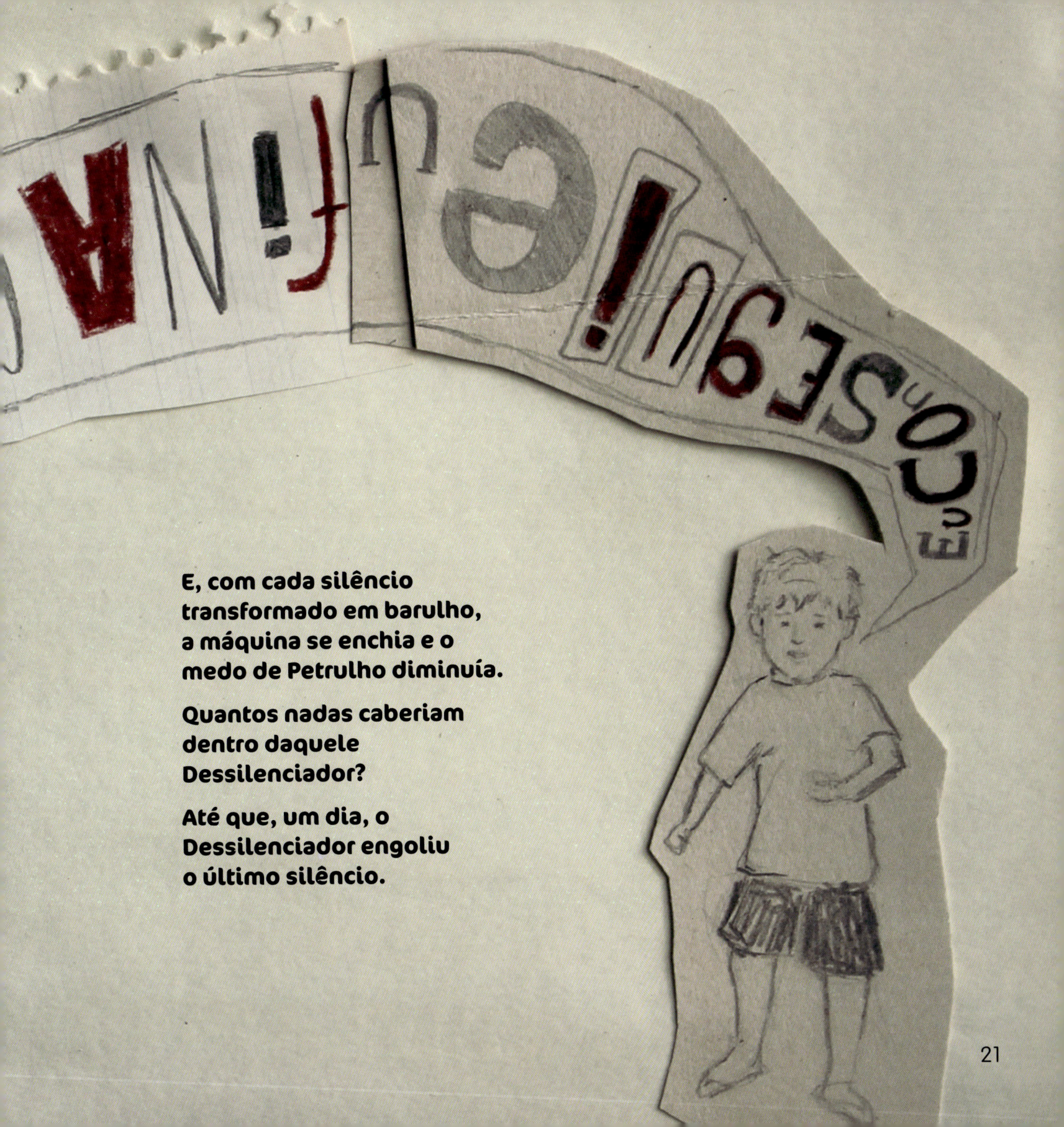

E, com cada silêncio transformado em barulho, a máquina se enchia e o medo de Petrulho diminuía.

Quantos nadas caberiam dentro daquele Dessilenciador?

Até que, um dia, o Dessilenciador engoliu o último silêncio.

Nosa que Alvoroço

Nossa que Rebuliço

A máquina de Petrulho estava cheia de silêncio.

A máquina de Petrulho estava vazia de palavras.

Ninguém mais se entendia.

Mil vozes falando e zero orelha escutando.

Sem descanso, a população zumbizava pela cidade.

Até que um senhor desligado de tudo, atordoado com tudo e que a tudo observava, sussurrou:

— Sssssssssi-lên-cio. — Sua fala doce e pausada assustou a multidão.

O mundo todo ficou quieto por um instante. Um minúsculo minissegundo. Um leve piscar de olhos.

Essa foi a última gota de silêncio para o Dessilenciador, que, de tão pesado, tãoooo pesado, tãooooooo pesado...
CRACK!

Se partiu.

27

E, dentre todas as brechas,
o silêncio ressurgiu.

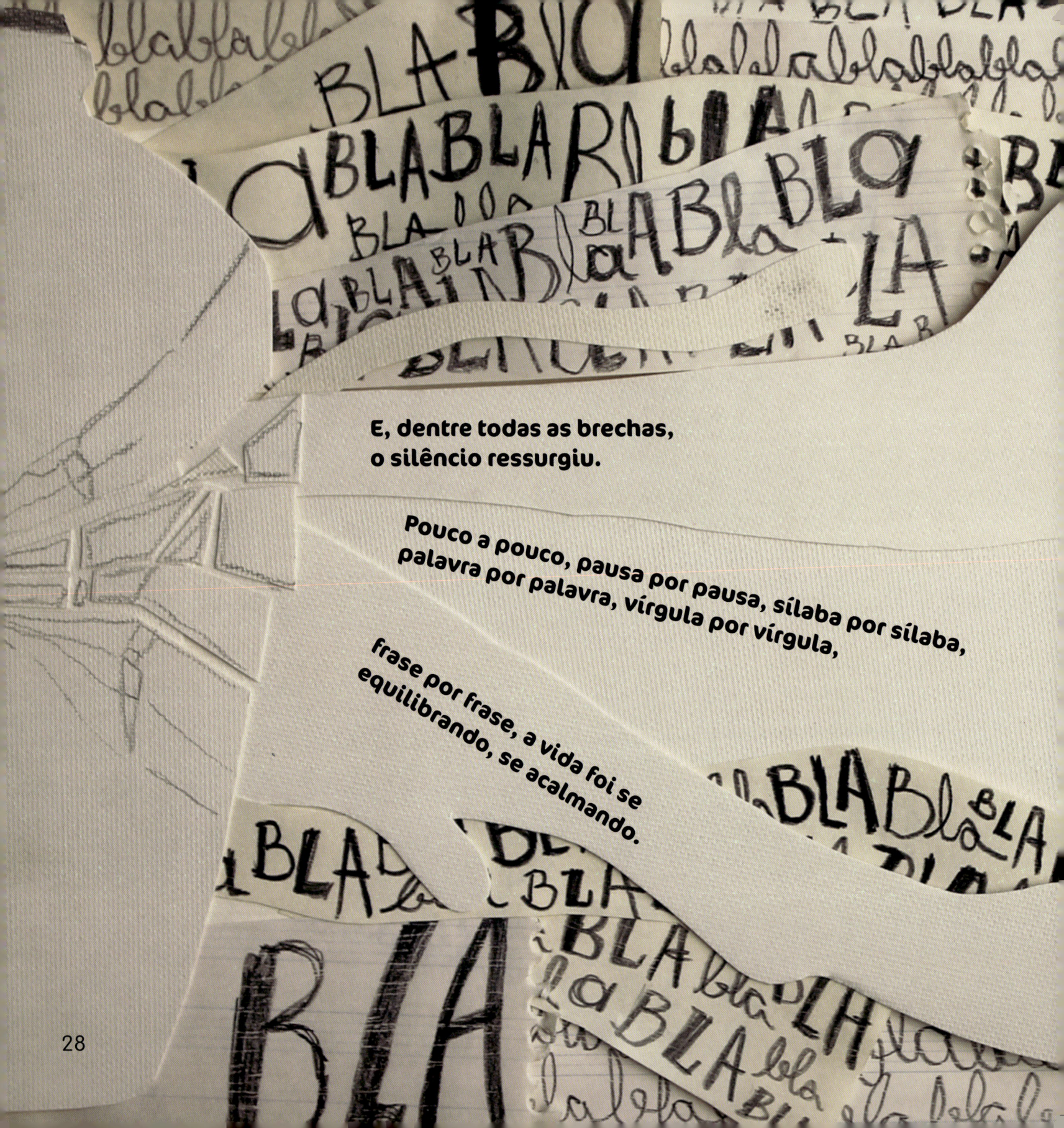

Pouco a pouco, pausa por pausa, sílaba por sílaba, palavra por palavra, vírgula por vírgula, frase por frase, a vida foi se equilibrando, se acalmando.

As pessoas foram se redescobrindo.

E o Petrulho?

Virou colecionador.

O Dessilenciador silenciou.

DIA NO PARQUE

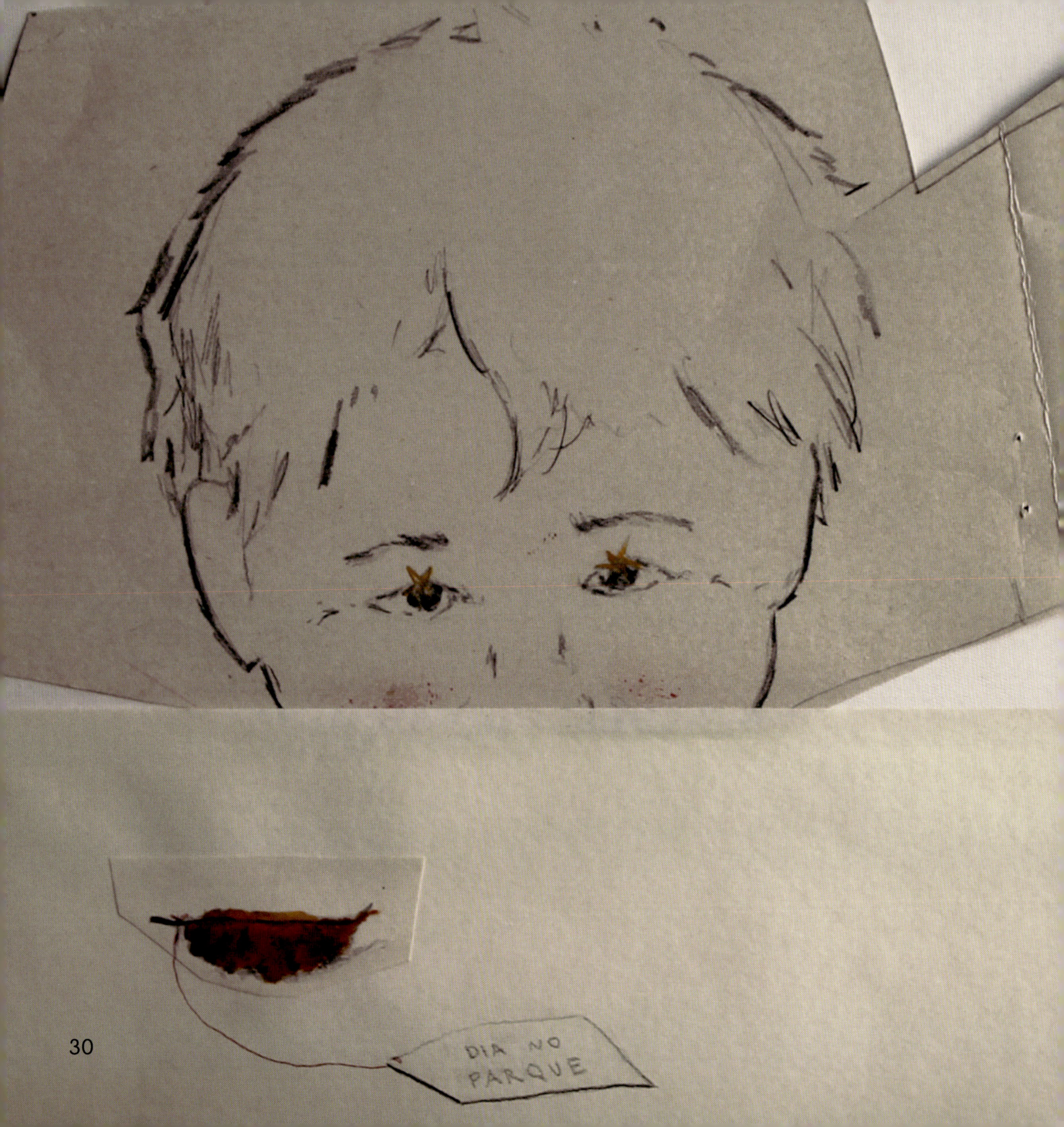

COLECIONADOR DE SILÊNCIOS.

O MAR É QUIETO AQUI

QUANDO A LUZ ACABOU

THAÍS ROQUE

Criada no tumulto de São Paulo, nas férias para o interior eu ia, onde momentos de paz eu encontrava e com a família brincava. Era uma aventura, um escapar da agitação urbana para a calma do lugar. Agora, em Paris, a cidade se movimenta, e eu sinto falta do sossego, da paz que me alimenta. Por isso, com Arthur, meu filho, faço questão de buscar momentos tranquilos na natureza, para juntos desfrutar. Tento registrar esses momentos para tanto nos meus livros como no meu 📷 tha_roque compartilhar.

ERIC FARPA

Cresci lá no interior do Paraná, em Imbituva, onde tinha muito mato e barulho de bicho. Diferente do menino dessa história, eu gostava da quietude e me divertia desenhando os silêncios dentro de mim. Estudei artes visuais e literatura para infâncias e hoje trabalho ilustrando histórias. *Riacho de bolso*, *Eu brinco assim* e *De lá pra cá de cá pra lá* são alguns dos livros que já ilustrei.